2025

W0348996

Für Theo,

du bist ein ganz toller

Vom Niklaus

Martin Sandkühler

Adventslegenden

OGHAM VERLAG STUTTGART

Einbandgestaltung und Buchschmuck von
Christiane Lesch und Lotte Boelger-Kling (Schrift)

© 1989 OGHAM VERLAG Sandkühler & Co.,
Stuttgart
Satz: Gerda Kaul, Wendlingen
Druck: Maisch & Queck, Gerlingen
ISBN 3-88455-036-5

INHALTSVERZEICHNIS

BARBARAS WEG IN DEN ADVENT

(Barbara: 4. Dezember)

Auf einem großen Bauernhof im oberbayrischen Voralpenland lebte einst ein Mädchen namens Barbara. Sie war mit ihren achtzehn Jahren eine gar liebliche Erscheinung mit dunkelblondem Haar und blitzend blauen Augen. Zusammen mit Vater, Mutter und ihrer kleinen Schwester Vroni lebte sie auf dem Hof, eingebettet in das Werden und Vergehen des Jahreslaufes. Zur Hilfe für das große Anwesen mit seinem vielen Vieh und den vier Pferden waren da noch außer der Familie zwei Hütebuben und der zweite Sohn eines entfernten Vetters ihres Vaters, der Balthasar, von allen nur mit seinem Kosenamen Hausl genannt.

Der Hausl war von allen wohl gelitten, nicht nur, weil er durch seinen Frohsinn und seine lustigen Späße zur Heiterkeit bei aller Arbeit beitrug, er hatte auch die Gabe, daß alles, was er anfaßte, gelang. Dem Vieh war er zugetan, die kräftigen Rösser gediehen unter seinen Händen und in einer kleinen Werkstatt in einem der Schuppen entstand so manches Gerät, das sinnvoll und nützlich war und doch in keinem Laden zu finden gewesen wäre. Die Kinder des Dorfes fühlten sich zu ihm hingezogen, so daß immer einige von ihnen auf dem Hofe spielten, wenn er in der Nähe war. Zu alledem war er musikalisch und verstand es, die Glocken der Kühe und Kälber vor dem Almauftrieb so auszuwählen, daß ein harmonisches Geläut entstand.

So hatte er auch in diesem Jahr wieder den

Kühen und Kälbern die großen und kleineren Glocken an den schön verzierten, breiten Ledergurten umgeschnallt. Die Tiere standen noch wartend im Stall, auf dem Hof aber herrschte schon emsige Betriebsamkeit, obwohl die Sonne gerade erst über den Horizont blinzelte.

Für Barbara war dieser Tag ein ganz besonderer, denn heute durfte sie zum erstenmal als Sennerin auf die Alm, verantwortlich für das Vieh und die ganze Almarbeit. Bald waren alle Vorbereitungen getroffen, Barbara nahm die Leitkuh am Halfter, die anderen folgten und am Schluß des Zuges kam Hausl mit einem zweirädrigen Karren voller Hausgerät und Bettzeug, einen der kräftigen Haflinger vorgespannt. An den Seiten gingen Vroni und die beiden Hütebuben, mit armlangen Haselnußstecken versehen,

die sie jedoch kaum brauchten, denn die Tiere trotteten emsig hinter der Leitkuh her.

Es war schon später Vormittag, als Tiere und Menschen die Almhütte erreichten. Türen und Fenster des Blockhauses wurden geöffnet und aus ihrem Bündel holte Barbara ein Büschel Kräuter, die sie in einem kleinen Pfännchen anzündete. Alsbald vertrieb der Duft der Kräuter den Rest der abgestandenen Winterluft und machte Wohnraum und Stall für Leben und Arbeit des Sommers bereit.

Gleichmäßig vergingen nun die Tage mit der Arbeit in der Sennerei, mit den Kühen – und mit fröhlichem Gesang. An den Sonntagen brachte entweder Barbaras Vater oder Hausl neue Vorräte, wobei der letztere mit seinen fröhlichen Geschichten Barbara und

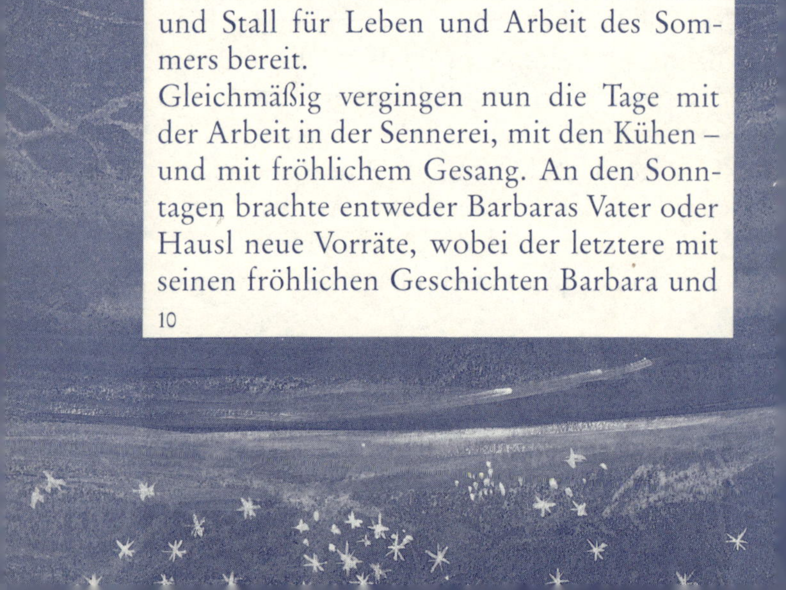

ihre Schutzbefohlenen bestens unterhielt. Der Sommer ging in den Herbst über, die Tage wurden kürzer und gen Michaeli war es Zeit, die Tiere wieder ins Tal zu treiben. Am Tag des Abtriebs herrschte ein fröhliches Treiben. Hausl war schon früh mit dem Karren gekommen, hatte Hausgerät und Bettzeug aufgeladen und die Kühe und Kälber bestaunt, die die geschickten Hände der Mädchen festlich geschmückt hatten. Mit Jauchzern und Jodlern verabschiedeten sich alle von der Alm, das Haus wurde wieder verschlossen, und der bunte Zug schlängelte sich dem Tale zu. Barbara und Vroni, Hausl und die Hütejungen hatten ihre Tracht angelegt und schritten fröhlich neben den Tieren hin. Das harmonische Geläut der Kuhglocken gab dem Tag eine festliche Stimmung, und als sie durchs Dorf zo-

gen, kamen Kinder und Erwachsene an den Weg, begrüßten die Heimkehrenden und lobten den schönen Schmuck der Tiere.
In diesem Jahr war es auch, daß Hausl die Aufgabe zufiel, für den Leonhardiritt zu Tölz die Leonhardstruhe des Dorfes zu richten. Die Leonhardstruhe, ein großer Wagen mit offenen Borden, bietet über zwanzig Personen Platz und ist schön bemalt mit Bildern aus dem Leben des Heiligen, des Helfers der ländlichen Bevölkerung und Schutzpatrons der Pferde.
So wurden denn auch die Pferde des Dorfes mit Fleiß geputzt und gestriegelt. Bunte Bänder schmückten die Mähnen, die die Mädchen zu kleinen Zöpfen geflochten hatten. Selbst die Schweife der Pferde trugen Schleifen. Das Zaumzeug mit seinen Messingbeschlägen glänzte und funkelte, und

selbst in die Peitschenschnüre waren bunte Bänder geflochten.
Früh am Leonhardstag sammelte sich der Festzug. Alle Teilnehmer trugen Tracht und waren auch sonst aufs beste herausgeputzt. Die Frauen und Mädchen bestiegen die Leonhardstruhe, deren Viergespann die schönsten Pferde hatte. Stolz schaute Barbara auf Hausl, der fröhlich und umsichtig den Zug ordnete, um dann als Vorreiter die Spitze zu halten.
Unterwegs traf man sich mit Teilnehmern aus anderen Dörfern, und so war es eine ansehnliche Gruppe von Reitern und Wagen, die am Vormittag zum Läuten der Glocken in Tölz einfuhr.
Dicht am Ufer der Isar ragt ein Felsen auf: der Kalvarienberg. Nach dem Wasser hin sind seine Abhänge steil, von seiner Kuppe

aber dehnt sich, vom Flusse weg, ein kleines Felsplateau, auf dem das Kalvarienkirchlein steht. Diese Kirche ist das Ziel des Festzuges. Unter den Klängen der Musik werden die Wagen auf dem Platz aufgestellt, die Glocken läuten zum Hochamt und aus den Türen des Kirchleins tönt feierliche Orgelmusik. Die vielen Leute haben gar nicht alle im Inneren Platz, doch die Stimme des Pfarrers ist auch draußen zu hören und so feiern sie alle die Messe mit. Kaum aber zeigt ein letzter Akkord der Orgel das Ende des Gottesdienstes an, da eilen alle zu den Pferden und Wagen. Der Festzug ordnet sich von neuem, voran die Geistlichkeit, dann die Musik. So umrunden sie die Kirche und schwenken danach ab zum Festplatz, wo der Tag seinen fröhlichen Fortgang nimmt.

Barbara und die ihren kamen erst gegen Abend wieder ins heimische Dorf zurück. Sie war stolz auf Hausl, hatte man ihn doch seines schön geschmückten Wagens wegen besonders gelobt und das kam schließlich dem ganzen Dorf zugute. So lächelte sie ihm zu, als sie zum Hof fuhren und dann ging ein jeder in Haus und Stall seinen Pflichten nach.
Das sonnige Wetter zu Leonhardi, mit den Bäumen in ihrer herbstlichen Farbenpracht, war wie ein letztes Zwinkern des Herbstes, der sich nun bereitete, sein Zepter an den Winter abzugeben.
Wenn morgens die Sonne über den Horizont lugte, sah sie den Rauhreif auf den Feldern und Bäumen glitzern und den Tag über hatte sie Mühe, das zarte Weiß hinwegzulecken.

Abends zogen die Nebel in die Täler und die Menschen suchten nach der Arbeit in Haus, Stall und Hof gerne die warme Küche auf, wo sie bei allerlei kleinen Handarbeiten plaudernd und scherzend beisammen saßen.

So war der November vergangen. An einem Abend Anfang Dezember, im beginnenden Advent, saß Barbara mit einer Stickerei am Tisch, Vroni stickte und Hausl hatte sich gerade seine Schnitzmesser aus der Werkstatt geholt, um an den Krippenfiguren weiterzuschnitzen, zu denen der Vater einen Stall baute. Die Mutter legte noch einige Scheite Holz im Herd nach, holte dann vom Bord einen alten Lederband herbei und begann zu lesen.

Vroni sah ihr eine Weile zu, dann fragte sie: «Mutter, gelt, morgen ist doch Barbaras

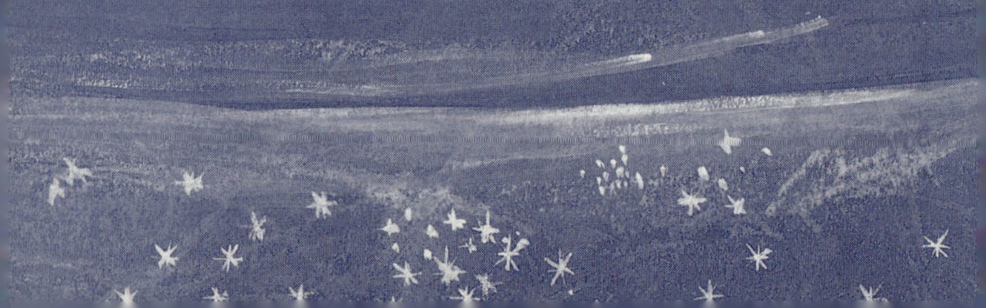

Namenstag und Geburtstag, könntest du uns da vielleicht die Geschichte der heiligen Barbara vorlesen, bitte?»
Die Mutter schaute auf, lächelte, schlug dann in ihrem Buch die entsprechende Seite auf und begann zu lesen:

«Vor Zeiten lebte im fernen Nikomedien ein Fürst namens Dioskuros. Er war mit Geld und Gut reich gesegnet, auch verehrte er die alten Götter, neben denen er nichts anderes gelten ließ. Dieser Fürst nun hatte eine Tochter namens Barbara. Sie war mit großer Schönheit, aber auch mit scharfem Verstand begabt und oftmals verblüffte sie ihre Eltern durch tiefsinnige Fragen. Eines Tages saß sie wieder über ihren Studien, als ihr Vater das Zimmer betrat. Sie fragte ihn sogleich voller Eifer: ‹Sagt mir, verehrter

Vater, warum man die Götter wie Menschen beschreibt und darstellt, ja, warum man nicht nur ein einziges unsterbliches Wesen anbetet, anstelle der Vielzahl der Götter?›

Der Vater war um eine Antwort verlegen und brummte nur: ‹Solcherlei Fragen mußt du schon einem Gelehrten vorlegen, nicht mir.›

‹Oh Vater›, rief da Barbara voller Freude, ‹so erlaubt mir, daß ich dem größten Gelehrten unserer Zeit, dem berühmten Origines in Alexandria einen Brief schreibe und um Antwort bitte.›

Der Vater gewährte die Bitte seiner Tochter und kehrte in seine Gemächer zurück.

Nicht lange darauf erhielt Dioskuros vom Kaiser in Rom eine Botschaft, er möge in dringender Sache an den Hof kommen.

Da ließ der Fürst einen Turm bauen, in dem er seine Tochter wohnen hieß, damit niemand ihr Schaden antue. Barbara bat ihren Vater, noch ein Bad anzubauen und dieser gab den Befehl dazu.

Mittlerweile war Barbaras Brief an den großen Origines bei diesem eingetroffen. Der Weise erkannte sogleich die hohen Geistesgaben der Schreiberin, rief seinen Vertrauten, den Priester Valentinus und unterwies ihn ausführlich. Dann machte sich Valentinus auf die Reise, kam nach Nikomedien und begehrte Einlaß in den Turm. Da der Priester schon alt war und man ihn zudem für einen Arzt hielt, ließen die Wächter ihn passieren.

So bekam Barbara Antwort auf ihre vielen Fragen, denn endlich war hier jemand, der mit ihr über die großen Wahrheiten der

Welt sprach. Am Ende der Unterweisung aber ließ sich Barbara von Valentinus taufen, denn sie wollte hinfort dem Christentum leben.

Tags darauf aber gab sie den Bauleuten, die auf Geheiß ihres Vaters das Bad mit zwei Fenstern bauten, die Anweisung, noch ein drittes Fenster freizulassen. Ihrem Wunsche ward entsprochen, und als am Abend die Arbeiter gegangen waren, drückte Barbara in den noch feuchten Putz ein großes Kreuzeszeichen.

Wieder verging einige Zeit, da kehrte Dioskuros von seiner Reise zurück. Sogleich begab er sich zum Turm, sah dort die Veränderungen und stellte darob seine Tochter zur Rede. Barbara erklärte ihm voller Ruhe, daß durch die drei Fenster das Licht der Dreifaltigkeit scheine und das Kreuz sei das

Symbol der Christen, zu denen auch sie gehöre.

Da packte den Vater gewaltiger Zorn, und in seiner Verblendung wollte er Barbara sogleich erschlagen. Doch sie entfloh auf einen nahen Berg, wo sie sich in einer Felsspalte versteckte. Ihr Vater verfolgte sie wütend, und als er am Berghang zwei Hirten sah, befragte er diese nach Barbaras Verbleib. Der eine gab an, niemanden gesehen zu haben, der andere jedoch sah den Zorn in den Augen des Fürsten und verriet Barbaras Versteck. Zur Strafe ward er von Barbara in eine steinerne Säule verwandelt, seine Schafe aber wurden zu Heuschrecken und flogen davon.

An den Haaren gefesselt brachte Dioskuros seine Tochter vor den Statthalter. Dieser verlangte von ihr, dem christlichen Glauben

abzuschwören, doch Barbara blieb fest und rief: ‹Für mich gibt es nur den einen Gott, dessen Sohn für die Menschheit den Kreuzestod starb – ihm habe ich mein Leben geweiht!›
Der Statthalter befahl daraufhin, das Mädchen auszupeitschen und in den Kerker zu stecken. Des nachts aber kamen Engel und pflegten die Wunden Barbaras, so daß ihre Haut wieder glatt und heil war.
Anderntags ließ der Statthalter sie wiederum vorführen. Er staunte gar sehr, als er sie frisch und ungebeugt vor sich stehen sah. Als sie aber ein zweites Mal sein Ansinnen, dem Christentum abzuschwören, von sich wies, gab er Befehl, Barbara zu enthaupten.
Der grausame Dioskuros selbst war es, der das Urteil vollstreckte. Doch kaum war

Barbara zu Boden gesunken, da fuhr ein mächtiger Blitzstrahl aus dem Himmel hernieder, der den unmenschlichen Vater erschlug. An der Stelle aber, wo Barbaras Blut in den Boden floß, wuchs aus dem dürren Grund eine Pflanze, die dann das St.-Barbara-Kraut genannt wurde. Die Heiden, die dieses Wunder sahen, nahmen den Leichnam Barbaras, legten ihn in einen silbernen Sarg und hingen ihn an silberne Ketten. An jeder Kette befestigten sie eine Ampel, mit Balsam gefüllt, die da immer leuchtete. Wenn aber Dürre das Land heimsuchte, stellten sie den silbernen Sarg in das Rinnsal, welches daselbst vorbeifloß und das Wasser staute sich, überflutete die Felder und machte neue Ernte möglich.»

Als die Mutter geendet hatte, packten alle

ihre Sachen zusammen, wünschten einander gute Nacht und gingen still zu Bett. Am Morgen, nach der Stallarbeit, traf man sich wieder in der Küche. Auf Barbaras Platz stand ein großer Kuchen, um den 19 Kerzen aufgestellt waren. Nachdem alle gemeinsam das Morgengebet gesprochen hatten, gratulierte einer nach dem anderen dem fröhlichen Geburtstagskind. Nach dem Frühmahl ging dann ein jeder seiner Arbeit nach.

Für Barbara aber gab es noch eine besondere Verrichtung. Sie nahm ihren Umhang, schlüpfte in ihre festen Stiefel und ging in den Garten. Dort schnitt sie sich vom Kirschbaum einige Zweige und stellte sie in ihrer Kammer in einen großen Krug. Geheimnisvoll ritzte sie mit dem Messer den Namen Hausls in einen der Zweige, denn

von alters her wurde gesagt, daß im neuen Jahr bald Hochzeit sein würde, wenn der Zweig am Weihnachtstag in Blüte stehe. Als sie die Zweige richtete, ging ihr durch den Kopf, daß diese auch Symbol seien für die Rute der Berchta oder des Knechtes Ruprecht. Der Streich mit der Rute bedeutete ja nicht Strafe, sondern Segen, denn die Rute ist das lebendige Reis, dessen Berührung Fruchtbarkeit und Leben verheißt. Und mit der Hoffnung auf das kommende Licht und das sich im Frühling entfaltende Leben begann nun Barbara ihr neues Lebensjahr.

DER BEGRABENE ENGEL

(Nikolaus: 6. Dezember)

In der Nähe der großen Stadt Konstantinopel, dem alten Byzanz, welches heute Istanbul genannt wird, lag vor Zeiten ein dem heiligen Nikolaus geweihtes Kloster. Eine große Handelsstraße führte in seiner Nähe vorbei und die Durchreisenden benutzten gerne die Herbergen des Klosters, denn die Mönche gaben mildtätig von ihren Vorräten. Eines Tages waren besonders viele Reisende eingekehrt, Keller und Speisekammern waren leer, das Kloster darbte und konnte den Gästen nichts geben. In ihrer Not flehten die Mönche zu ihrem Schutzpatron, dem heiligen Nikolaus.
Zu eben dieser Zeit ritt ein reicher Adliger

mit seinem Diener auf der Handelsstraße. Auch er hatte vor, im nahen Kloster Rast zu halten. Als er eben von der Hauptstraße abbiegen wollte, um den Weg zum Kloster einzuschlagen, da sah er am Wegrand unter einem Busch einen Toten liegen, der erschlagen worden war. Der Edelmann stieg ab, lud den Ermordeten mit Hilfe seines Dieners auf eines der Pferde und brachte ihn zum Nikolauskloster. Dort angekommen, bat er die Mönche, den Toten zu bestatten und gab ihnen für Totenmesse und Begräbnis reichlich Geldstücke.

Einige Zeit später kam der Adlige auf seiner Rückreise wieder in der Nähe des Klosters vorbei. Als er an die Stelle gelangte, wo er den Toten gefunden hatte, sah er dort einen wohlgestalteten Jüngling auf einem Stein sitzen und bitterlich weinen. Der Edelmann

ließ anhalten und fragte den Jüngling voller Mitgefühl nach seinem Kummer. Dieser erzählte nun, daß sein Vater, der als Kaufmann hier entlanggezogen war, von Räubern erschlagen worden sei. Ein Diener seines Vaters sei den Mördern entkommen, habe ihn verständigt und so sei er nun auf der Suche nach seines Vaters Leichnam.

Da tröstete ihn der Edelmann und berichtete dem Jüngling: er habe seinen Vater im nahen Nikolauskloster bestatten lassen. Beide ritten nun zum Kloster und der Edelmann bat den Abt, dem Kaufmannssohn das Grab seines Vaters zu zeigen. Der Jüngling flehte die Mönche inständig an, sie mögen ihm doch die Gebeine seines Vaters mitgeben, damit er sie zu Hause auf dem Begräbnisplatz der Familie aufs neue bestatte. Die Mönche gaben dem Wunsche nach und öff-

neten das Grab. Sobald sie den Deckel des Sarges abgehoben hatten, fanden sie den Sarg voller Gold und Silber. Sprachlos vor Staunen schauten sie sich nach dem Jüngling um, doch dieser war verschwunden.
In der darauffolgenden Nacht aber erschien dem Abt der heilige Nikolaus im Traum und sagte: «Ihr riefet um Hilfe für euer Kloster, doch nur durch eure gute Tat konnte diese ausgelöst werden. Christus bat ich um Gnade und der Barmherzige sandte einen Engel, der von euch als Toter beerdigt wurde. Durch die Schätze aus dem Grabe könnt ihr nun noch manches Jahr die Armen begraben und den Reisenden helfen.» – Als die Nacht wieder dem Tage Raum gab und der erste Gottesdienst den Abt und die Mönche zum Gebet in der Kirche vereinigte, da dankte die ganze Schar der Brüder Gott und

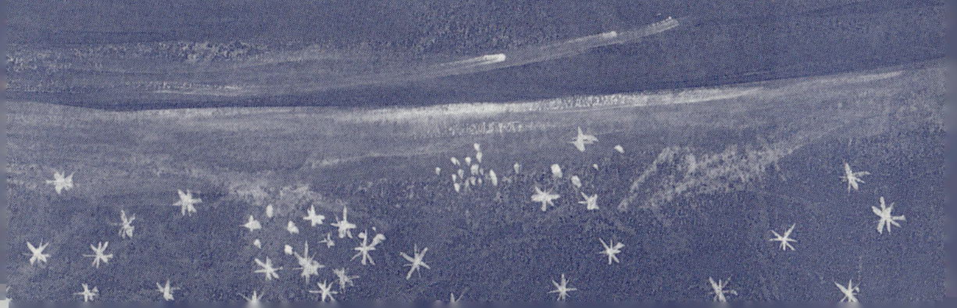

dem heiligen Nikolaus für die wunderbare Hilfe.

LUCIAS FEST

(Lucia: 13. Dezember)

Vor Zeiten lebte in Schweden ein mächtiger Graf, der auch Berater des Königs war. Seine feste Burg lag auf einem Felsplateau nahe am Meer und von ihren Türmen und Mauern konnte man das Land weithin übersehen, auch die große Bucht, an deren Ufer die Boote anlegten, die vielerlei Handelsware, aber auch Nachrichten aus der Welt draußen brachten.

Eines Tages mußte der Graf wieder einmal

an den Hof des Königs, um dort über die Angelegenheiten des Landes zu beratschlagen.
Mit einer Gruppe von Reisigen machte er sich auf den Weg und ließ die Gräfin mit ihrer Tochter Lucia, das Gesinde und die Burg in der Obhut seines getreuen Haushofmeisters zurück.
Die Tage vergingen und Lucia vergnügte sich mit ihren Gespielen in Haus und Hof, wie es das Wetter gerade zuließ. An den Abenden saßen alle im behaglich warmen Wohnraum vor dem Kamin, Herrschaft und Gesinde sowie die Kinder. Beim Schein des flackernden Feuers, während draußen die Winde um die Mauern heulten, erzählte die alte Muhme da vielerlei Geschichten.
So verging die Zeit und es nahte der Namenstag des Burgkindes, der Luciatag. Am

Abend davor waren die Burgbewohner wieder ums Feuer versammelt. Der Tag war kalt und trübe gewesen, um so mehr genossen nun alle die Wärme. Die Mägde saßen vor ihren Spinnrädern, die Knechte besserten Zaumzeug aus oder schnitzten kleine Gerätschaften und die Kinder machten es sich mit Fellen und Decken heimelig. Als die Muhme den Raum betrat, verstummte das muntere Geplauder und jung und alt schauten erwartungsvoll nach ihr. Als sie ihren Platz nahe beim Feuer eingenommen hatte, da sprach sie: «Morgen ist Lucias Tag und wenn es das Wetter zuläßt, können wir eine Wanderung zum alten Hünengrab auf dem Berge machen. Heute abend aber erzähle ich die Geschichte der heiligen Lucia, deren Fest wir morgen auch feiern:

«Einstmals lebte im fernen Sizilien ein Mäd-

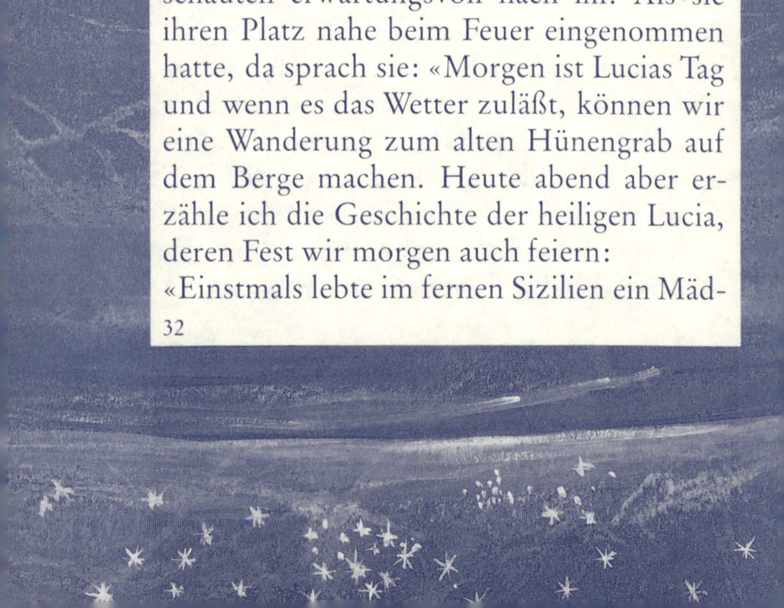

chen namens Lucia. Ihr Vater war gestorben und ihre Mutter erzog sie im christlichen Glauben, doch wurde es ihnen nicht leicht gemacht, denn Diokletian, der Kaiser in Rom, ließ die Christen gar grausam verfolgen.

So trachtete die Mutter danach, ihre Tochter zu schützen und wollte sie deshalb mit einem adeligen Jüngling verheiraten. Doch dieser junge Mann war kein Christ und Lucia suchte den Plan ihrer Mutter auf jede Weise zu vereiteln. Zudem hatte sie sich geschworen, ein reines, Gott gefälliges Leben zu führen und nicht zu heiraten.

Ehe jedoch die Mutter in dieser Sache weiteres unternehmen konnte, erkrankte sie schwer an einem Blutfluß. Jahrelang siechte sie dahin, treulich gepflegt von Lucia.

Um diese Zeit hörte man allerorten von den

wunderbaren Heilungen, die am Grabe der Märtyrerin Agatha geschahen. Lucia beredete ihre Mutter, mit ihr nach Catania zu reisen, um am Grabe Agathas Genesung zu erflehen. Beide nahmen die mühsame Reise auf sich und als sie dort ankamen geschah es, daß gerade ein feierlicher Gottesdienst stattfand. Im Text des Evangeliums aber wurde berichtet von der Wunderkur des am Blutfluß leidenden Weibes.

Lucia und ihre Mutter betrachteten dies als gutes Zeichen, und sie beteten am Grabe der jungfräulichen Märtyrerin. Voller Zuversicht begaben sie sich dann zur Herberge.

In der Nacht aber erschien Agatha der Lucia im Traum, pries ihre Treue und verhieß der Mutter Genesung. Am Morgen erwachten beide und erkannten voll Freude, daß das Leiden von der Mutter genommen war und

sie gesund nach Hause reisen konnte. Die Mutter war voller Dank, und als Lucia ihr den Wunsch kundtat, künftig nur für die Armen und Kranken leben zu wollen, stimmte sie freudig zu.

Nachdem sie wieder in Syrakus angekommen waren, verschenkte Lucia einen großen Teil ihrer Güter und Kleinodien an die Bedürftigen, denen künftig ihre Fürsorge gelten sollte. Den Rest ihres Besitzes verwendete sie für ein Haus, in dem Notleidende und Kranke Aufnahme finden konnten.

Der adelige Jüngling, der Lucia heiraten wollte, erfuhr gar bald von alledem. Als ihm noch bekannt wurde, daß Lucia künftig ihr Leben den Notleidenden widmen wollte, geriet er in großen Zorn und seine Liebe kehrte sich in Haß. Er eilte zum Stadtrichter, klagte Lucia der Untreue, der Ver-

schwendung von Gütern und auch wegen des Christentums an.
Der Richter ließ da Lucia alsbald herbeiführen und forderte sie auf, nach des Kaisers Befehl dem Christentum abzuschwören. Da sprach Lucia zu dem Richter: ‹Mir ist kein Gott bekannt, als der allmächtige Schöpfer des Himmels und der Erde.›
Der Stadtrichter erwiderte streng: ‹Für mich gilt nichts anderes, als des Kaisers Befehl und bei diesem muß ich bleiben, also schwöre ab!› Demütig sagte da Lucia: ‹Als Richter magst du dich an des Kaisers Befehl halten, mir aber erlaube, daß ich mich an Gottes Gesetze halte. Lasse tausend Hände an mich legen, gebrauche alle Gewalt, du wirst sehen, daß du gegen mich nichts ausrichten kannst, da der Geist Gottes in mir wohnt.›

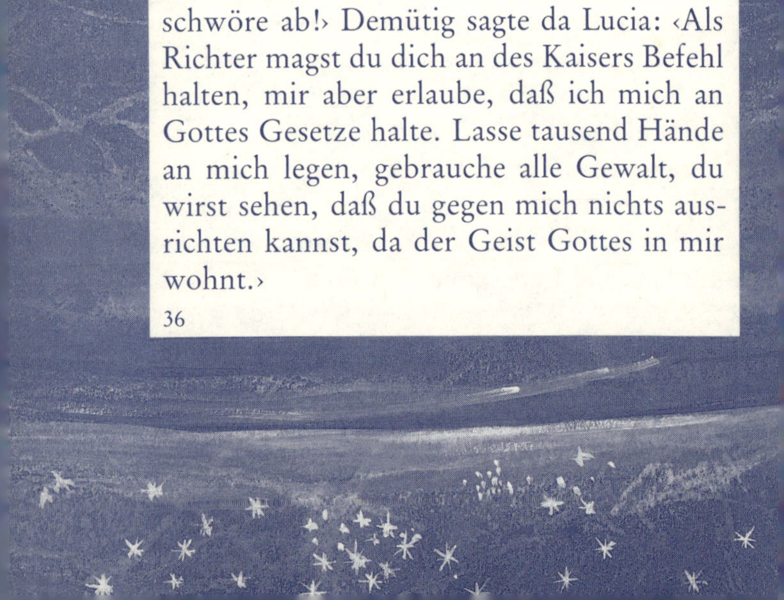

Da geriet der Stadtrichter in Wut und befahl seinen Knechten, Schwefel, Pech und brennendes Holz um sie herumzulegen und sie mit siedendem Öl zu überschütten. Hoch loderte das Feuer auf, doch zum Erstaunen aller wölbte es sich um Lucia her, so daß sie ganz unbeschädigt dastand. Sie war versunken im Gebet und merkte kaum, wie sie die Worte rief: ‹Groß ist Gott und Christus sein Sohn, in ihre Hände begebe ich mich.› Da wurde der Richter noch zorniger und befahl, ihr einen Dolch in den Hals zu stoßen.

So erhielt Lucia den Todesstoß; ihre letzten Worte aber waren Trostworte an die Christen, sie mögen Gott vertrauen und ausharren, denn bald sei ihre Leidenszeit zu Ende. Als sie daraufhin verschied, leuchtete um sie ein gar helles Licht und alle, Heiden wie

Christen, waren darob voller Ehrfurcht.»
Als die Muhme geendet hatte, herrschte Stille im Saal, Kinder wie Erwachsene waren ergriffen von der Erzählung. Nur das Feuer im Kamin knisterte und knackte, und bald begaben sich alle still in ihre Kammern.

Am Morgen darauf machten sich die Kinder der Burg, allen voran Lucia, auf die Wanderung nach dem Hünengrab auf dem Berge. Zwei Mägde und ein Knecht begleiteten sie und trugen Körbe mit Gebäck und Leckereien für den Mittagsimbiß.

Die Tritte der Wanderer knirschten auf dem Schnee, doch die Sonne schien freundlich und wärmte wohltuend nach der Kälte der vorangegangenen Tage.

Lustig springend eilten die Kinder dahin, bewarfen sich hin und wieder mit Schnee-

bällen, brachen seitwärts durch die verschneiten Bäume, unter den Ästen hindurch, einen glitzernden Schauer herabrieselnden Schnees hinter sich lassend. Mägde und Knecht dagegen wanderten stetig den mählich ansteigenden Pfad entlang, freuten sich ob des schönen Tages und ließen die Kinder gewähren.

Nicht lange und die Bäume lichteten sich und gaben den Blick frei auf eine große, schneebedeckte Fläche, in deren Mitte das Hünengrab aufragte. Die Kinder jauchzten und sprangen darauf zu, um alsbald in der Höhlung unter den gewaltigen Steinen zu verschwinden. Gedämpft hörten die Mägde und der Knecht die Stimmen und gingen näher.

Der Raum unter den Steinen war groß genug, daß alle Platz fanden. In der Mitte

konnte der Knecht sogar noch ein Feuer aufschichten, das gar bald lustig flackerte. Die Kinder trugen aus dem Wald genügend Äste herbei, um die Flammen in Gang zu halten, während der Knecht mit geübter Hand durch Steine den Rand des Feuers säumte, um die Glut beieinander zu halten. Die Mägde hatten indessen die Körbe ausgepackt und bald hockten alle um das Feuer, froh, den nach der Wanderung doch spürbaren Hunger stillen zu können.

Munter plaudernd verzehrten alle die mitgebrachten Sachen, doch kaum waren die Kinder fertig, als sie auch schon wieder hinausrannten, um auf der Lichtung und im Wald ihre munteren Spiele zu treiben.

Lucia und zwei der Buben waren weit vor den anderen, um sich schnell ein gutes Versteck zu suchen. In einem nach allen Seiten

geschützten Gebüsch machten sie halt und
warteten. Doch die Zeit verging und nie-
mand war in der Nähe zu sehen. Da rief Lu-
cia den zwei Buben zu: «Kommt, wir wol-
len lieber zur Bucht rennen und die Insel er-
forschen – keiner wird uns dabei stören.»
So rannten sie durch den Wald, den Berg-
hang hinab, bis sie an die Bucht gelangten.
Es war die Zeit der Ebbe und die kleine In-
sel, durch einen schmalen Damm mit dem
Strand der Bucht verbunden, konnte trok-
kenen Fußes erreicht werden. Lucia und ih-
re zwei Begleiter schlängelten sich durchs
Buschwerk, immer weiter dem Inneren der
Insel zu. Voller Abenteuerlust, aber auch
ein wenig bänglich, drangen sie vor. Sie
folgten einem schmalen, kaum sichtbaren
Pfad und nach einiger Zeit sahen sie durch
das Unterholz die Umrisse einer kleinen

Hütte. Zaghaft gingen sie näher, doch nichts rührte sich, kein Geräusch, kein Rauch deutete darauf hin, daß die Hütte bewohnt war. Sicher hatte der Fischereiaufseher, der ab und zu hierherkam, die Hütte als Schutz für die Nächte gebaut, die er hier verbringen mußte. Die Tür war unverschlossen und drinnen fanden die Kinder ein schmales Bett mit einem Strohsack, eine kleine Bank, einen Tisch und in einer Ecke eine Feuerstelle. Lucia klatschte vor Freude in die Hände und sprach zu ihren Begleitern: «Seht ihr, das ist jetzt unser Schloß und hier wollen wir Hofstaat spielen.»

Im munteren Spiel verging die Zeit und die Kinder merkten kaum, wie die Sonne sich neigte. Doch als der Nachmittag fortschritt und Wolken aufzogen und es immer finsterer wurde, da sahen die Drei, daß der Abend

nahte und sie eilten zurück zum Ufer. Kaum aber hatten sie den Waldrand am Inselufer erreicht, da packte sie ein gewaltiger Schrecken, denn die Flut hatte den kleinen Damm überschwemmt und die Insel vom Festland abgeschnitten.

Graue Wolken hatten inzwischen auch die Sonne verdeckt und langsam begann es zu schneien. Die Kinder standen wie erstarrt, das andere Ufer versank hinter den Schneeschleiern und es wurde immer dunkler. Da faßte sich Lucia ein Herz, nahm die beiden Buben an den Händen und ging mit ihnen zurück zu der kleinen Hütte. «Hier sind wir geschützt, und wenn wir uns dicht aneinander halten und die alte Decke in der Hütte um uns legen, werden wir warm genug sein bis zum Morgen.»

Auf dem Berg beim Hünengrab hatte in-

zwischen der Knecht das Feuer gelöscht. Die Mägde packten die Reste der Mahlzeit in die Körbe, und gemeinsam traten sie hinaus auf die Lichtung. Noch stand die Sonne hoch, doch einzelne Wolken zeigten sich bereits hie und da und der wettererfahrene Knecht mahnte zum Aufbruch, damit sie die Burg erreichten, bevor der Schneefall zu stark würde. Sie riefen die Kinder, die alsbald aus allen Richtungen angelaufen kamen. Noch immer aber fehlten Lucia und zwei der Buben. Rufend gingen die Mägde nochmals in den Wald hinein, doch nirgends kam eine Antwort, nirgends war ein Laut zu hören. Nach einiger Zeit kehrten sie voller Sorge zur Lichtung zurück, doch auch dort waren die Kinder noch nicht aufgetaucht. Nun beschloß der Knecht, eilends zur Burg zurückzukehren, um von dort

Hilfe zu holen. Er überließ es den Mägden, die Kinder zu führen und rannte selbst voraus, denn schon fielen die ersten Schneeflocken und Eile war geboten.
Die Gräfin auf der Burg hörte sich den Bericht des besonnenen Knechtes voller Sorge an. Sie wußte wohl, daß Lucia zwar lebhaft, doch nicht leichtsinnig sei und konnte sich daher keinen Reim auf ihr Verschwinden machen. Als der Knecht geendet hatte, rief sie das Gesinde zu sich und gab Anweisung, zwei Gruppen mit Fackeln auszurüsten, die eine solle unter Führung des Knechtes den Berg absuchen, die andere aber solle mit dem Haushofmeister am Strand entlang auf den Berg zu suchen.
Alsbald machten sich die beiden Gruppen auf den Weg und die Gräfin sah ihnen vom Fenster ihres Gemaches nach, Unruhe und Sor-

ge im Herzen. Stunden um Stunden vergingen, immer stärker wurde der Schneefall, der die Rufe des Gesindes im Wald und am Strand dämpfte. Die Nacht war hereingebrochen, als sich beide Gruppen am Strande trafen. Von den drei Kindern hatte man noch immer keine Spur gefunden. Ratlos blickten alle in die Runde, selbst das sonst so lebhafte Wasser versteckte sein Kräuseln unter den herabschwebenden Schneeflokken. Dunkel lag die kleine Insel in der Bucht, kaum zu sehen durch den dichten Flockenvorhang. Da rief plötzlich der Knecht den anderen zu: «Oh, wir sollten doch noch auf die Insel schauen, denn am Nachmittag war Ebbe und leicht könnte es sein, daß sie dorthin rannten.» Frohe Zustimmung folgte seinen Worten und alsbald machte sich ein kleiner Trupp zur Anlege-

stelle auf, wo die Kähne vertäut lagen. In zwei Booten ruderten sie hinaus, legten am Ufer der Insel an und setzten dort mit Fackeln ihre Suche fort. Doch der dichte Schneefall hatte alle Spuren verweht und die Rufe der Menschen verhallten, ohne daß von irgendwoher eine Antwort kam. Immer weiter drangen die Suchenden durch das Dickicht vor, bis sie schließlich die alte Fischerhütte sahen. Doch kein Laut, keine Bewegung zeigte an, daß jemand sich darin aufhielt. Der Knecht ging mit seiner Fackel näher, öffnete die Türe und leuchtete ins Innere. Die draußen hörten einen Freudenschrei und stürzten in die Hütte. Da lagen die Drei, dicht aneinander geschmiegt wie Tiere im Winternest unter einer alten Decke und schliefen tief und fest. Nicht lange und sie erwachten von dem ungewohnten Ge-

räusch der vielen Stimmen und dem Knistern der Fackeln. Wie im Traum schauten sie in die Runde, ergriffen die ihnen dargebotenen Hände und folgten, noch immer benommen, zu den Booten. Freudige Rufe gingen übers Wasser und Jubel empfing sie, als die Boote wieder anlegten. Umringt von Fackeln wurden die Kinder zur Burg zurück geleitet und die Gräfin, die immer noch bangend, hoch oben am Fenster den Weg beobachtet hatte, eilte freudig in den Hof, den Suchern ihren Dank auszusprechen.

Während die Kinder, noch immer schlafbefangen und benommen, im Lichterkreis der Fackeln ihre Geschichte erzählten, hörte man von ferne den Hufschlag einer Gruppe von Pferden. Alle lauschten dem näherkommenden Getrappel, als der Ausguck

sein Horn erschallen ließ. Kaum war das Tor geöffnet, da polterten die Hufe schon über die Zugbrücke und der Graf erschien an der Spitze seiner Reisigen im Hof. Überrascht blickte er auf den Kreis der Fackeln und die Kinder in der Mitte, da eilte auch schon die Gräfin auf ihn zu. Mit einem Jubellaut schlang sie ihm die Arme um den Hals und erzählte hastig die Geschichte des Ausflugs und der Suche nach den Kindern. Der Graf schritt mit der Gräfin in den Kreis, umarmte die Kinder eines nach dem anderen und hielt schließlich Lucia umfangen, die ihn strahlend anblickte. Mit freudiger Stimme verkündete er alsdann: «Ihr Lieben alle, ich danke euch von ganzem Herzen für die Hilfe bei der Suche. Als ich in den Hof einritt, sah ich die Kinder im Lichterkreis stehen, dies war für mich ein Zei-

chen, und so wollen wir hinfort diesen Tag, den Tag Lucias, damit feiern, daß ein Mädchen in weißem Gewande, mit einem Lichterkranz auf dem Haupte, in den Familien herumgeht und aus einem Korbe süße Brote verteilt – zum Gedenken an die heilige Lucia, die ihr Gut an die Bedürftigen dahingab.»

Seit dieser Zeit erscheint in den Nordländern, wo im Winter die Nächte lang sind, am Morgen des Lucia-Tages die Lichterbraut, mit einem Kranz voller Kerzen auf dem Kopf und einem Korb, gefüllt mit süßen Broten, die sie verteilt.

DER BAUM DER WEIHENACHT

(Adam und Eva: 24. Dezember)

Zu der Zeit, da Adam im Paradies lebte, wuchsen dort zwei ganz besondere Bäume. Der eine von ihnen ward der ‹Baum der Erkenntnis› geheißen, der andere aber der ‹Baum des Lebens›. Zu allem hatte Adam Zutritt, überall durfte er wandern, den Tieren begegnen und die Früchte des Paradiesesgartens genießen. Doch Gott, der Vater, hatte ihm in seiner Weisheit ein Gebot gegeben, welches besagte, daß Adam von all den Paradiesesgaben nur eine nicht genießen dürfe: die Früchte vom Baume der Erkenntnis.

Adam erlebte nun die Schönheit des Paradieses, er hatte aber auch seine eigenen

Grenzen gewiesen bekommen. Doch war er einsam trotz aller Herrlichkeit um ihn herum. Gott der Herr erkannte dies wohl. So senkte er tiefen Schlaf über Adam, nahm eine Rippe aus seinem Leibe und erschuf daraus Eva, die ihm von nun an Gefährtin sein sollte.

Als Adam erwachte, freute er sich über die Gefährtin, zeigte ihr die mannigfachen Schönheiten des Paradiesesgartens, die Tiere, die Gewässer, die Bäume auch und die Früchte. Und als er mit Eva auf seiner Wanderung zu dem Baume kam, der da in der Mitte stand und ‹Baum der Erkenntnis› genannt wurde, da unterrichtete er auch Eva von dem Gebote des Herrn, der da gesagt hatte: «Von diesem Baum des Bös' und Gut darfst du nicht essen!» Eva bewahrte die Worte wohl in ihrem Herzen.

Von nun an lebten Adam und Eva gemeinsam im Paradies, doch immer wieder sah sie die herrlichen Früchte am Erkenntnisbaum, die ihr von allen als die besten vorkamen. Und als sie sich dem Baum eines Tages wieder näherte, bemerkte sie am Stamm eine Schattengestalt, die wie ein dunkles Band um den Stamm gewunden schien. Die Gestalt winkte und drängte, doch Eva in der Einfalt ihres Herzens bemerkte die Gefahr nicht. Sie folgte dem Drängen wie in dumpfem Traum und erwachte erst zu voller Klarheit, als sie eine Frucht des verbotenen Baumes in Händen hielt.

Adam, der ihr gefolgt war, erschrak gar sehr, doch auf ihre Bitte hin teilte er mit ihr die Frucht. Da sie jedoch gegessen hatten, umdüsterte sich ihr Gemüt und alsbald hörten sie auch die gewaltige Stimme des

Herrn, dessen einziges Gebot sie mißachtet hatten. Er verkündete ihnen, daß sie von Stund an das Paradies verlassen müßten.
Da der Engel des Herrn die beiden aus dem Paradiesesgarten geleitete, nahm Adam vom Baume des Lebens drei Samenkörner mit, die er wohl verwahrte. Als Adam starb, legte sein Sohn Seth die drei Samenkörner in Adams Mund.
Dann wandelte sich die Menschheit zum Schlechten und auf Gottes Geheiß brach eine Sintflut über die Lande herein. Noah, der aus den Zedern, die er selbst gepflanzt, die große Arche baute, nahm auch Adams Leichnam, wie ihm geheißen ward, und legte ihn mitten in die Arche. Und als sie an dem Berge landeten, welcher der Mittelpunkt der Erde genannt wird, da zeigte ein Engel den Ort Noahs Sohn Sem. Dieser leg-

te Adams Leichnam auf die Erde und alsbald ging er in vier Teile auseinander. Die Erde öffnete sich in Gestalt eines Kreuzes, Adams Leichnam wurde hineingesenkt und die Türen der äußeren Erde schlossen sich um ihn.

An diesem Orte nun, dem Grabe Adams, der später Golgatha oder Schädelstätte genannt wurde, da sproßte aus den drei Samenkörnern des Lebensbaumes ein besonderer Baum. Aus diesem Baum schnitt Moses den Stab, mit dem er das lebenspendende Wasser aus dem Felsen quellen ließ. Auch Joseph, als er um Maria freite, nahm einen Zweig dieses Baumes und Maria sah in ihm das Zeichen und erkannte ihn daran.

Aus dem Schoße Mariens aber erwuchs Jesus Christus, das Licht der Welt, der Sonnengeist, der Herrscher der Elemente. Die

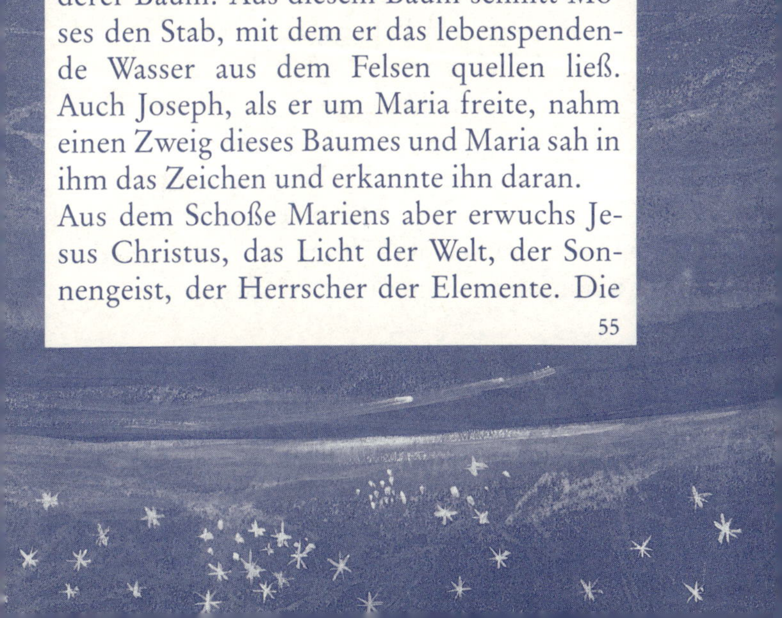

Menschen seiner Zeit verkannten ihn zumeist, demütigten und quälten ihn.

Und weiter wird erzählt, daß aus dem Holze des Baumes, der da aus den Samenkörnern des Lebensbaumes auf dem Grabe Adams erwuchs, auch jenes Kreuz gehauen ward, an das die verblendeten Menschen den Gottessohn schlugen. Doch das dürre Kreuzesholz, das den sündigen Menschen diente, wurde durch die Tat des Christus zum Holze der Erlösung, zum Keimträger neuen geistigen Lebens, dessen Früchte, als echte Früchte vom Baume des Lebens – in der richtigen Weise genossen – den Menschen die Seele erleuchtet, damit sie herausfinden aus der Dunkelheit der physischen Welt in die lichten Höhen des Geistes.

Dieses Wissen aber drang im Laufe der Zeiten immer seltener ins Bewußtsein der Men-

schen. Doch wieder und wieder gab es auch andere, die erneut davon kündeten, es wachriefen.
In den Ländern des Nordens wurden seit alters her die Lichtfeste des Jahres besonders gefeiert: die Sonnenwende im Sommer und die Wintersonnenwende. Schon früh auch wurden zur Vorbereitung des Wintersonnenwendfestes Zweige von Bäumen in geschützten Räumen ins Wasser gestellt, damit sie zum Fest aufblühten und so des Lichtes erneuernde Kraft und das Aufsteigen der Säfte symbolisierten. Sie waren gleichwohl Ausdruck des tiefen Sehnens in den Seelen der Menschen nach den Quellen des Lichtes und des Lebens. Als dann die Mystiker im vierzehnten Jahrhundert nach des Herrn Geburt in Straßburg ihre eindringlichen und herzenswarmen Predigten

hielten, wurde das tiefe Sehnen, die Innerlichkeit und das ahnende Wissen um das Mysterium von Golgatha und die geheimnisvollen Kräfte des Lebensbaumes wieder lebendig. In den Paradeisspielen, die vor den von einem Engel mit dem Schwert bewachten Kirchentüren am Tage von Adam und Eva, dem 24. Dezember, stattfanden, belebte die Szenerie als einziges ein Baum, erst eine Birke, später eine Tanne. Dieser Baum nun war geschmückt mit Äpfeln, Hostien und Papierrosen, den Symbolen für die Frucht des Paradiesesbaumes, für den Opfertod am Kreuzesstamm und die Verwandlung der Opferkräfte in Lebens- und Sonnenkräfte, und für die aus der Rose, aus der Wurzel des Baumes Jesse erblühende Ewigkeitskraft. Bald fanden dieses Paradiesesbäume mit ihren eindringlichen Zei-

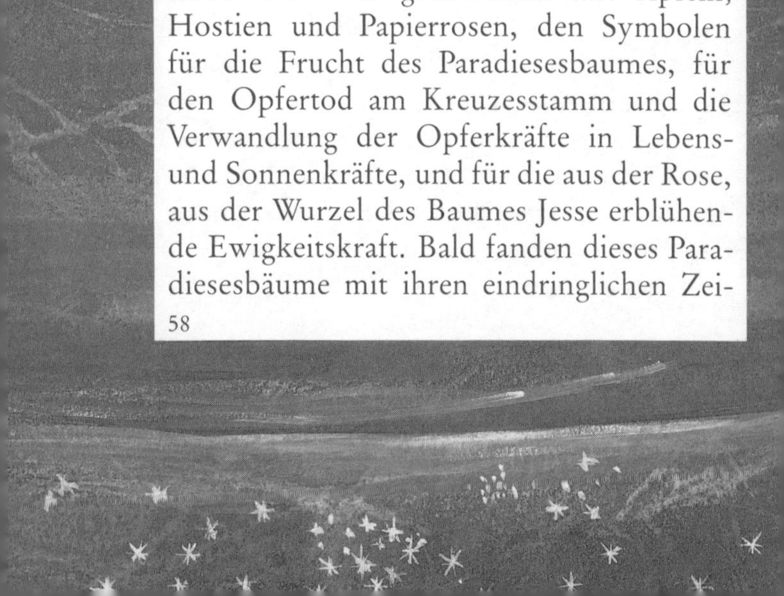

chen Eingang in die Stuben als Weihnachtsbäume. Sie wurden immer weiter ausgeschmückt, mit Zuckerwerk und anderem als Gaben der Hirten und später mit Lichtern. Seitdem steht der Baum an Weihnachten in unseren Stuben und wir können durch ihn den Hauch des Paradiesesbaumes und den Glanz des Christuslichtes spüren.

LICHTER IM WALD

Es war in dem Jahr, bevor der zweite große Krieg anfing, da stand am Rande des Schwarzwaldes, etwa halben Weges zwischen dem Dörfchen Heselbach und Klosterreichenbach, der Förster des Revieres

und spähte in die zunehmende Dämmerung.

Doch nicht zu jagen war er gekommen, friedlich leuchtete die Laterne, die er in der Hand hielt. Vor ihm breiteten sich die tief verschneiten Felder bis zu den Dörfern hin, der Schnee knirschte noch vom Frost der vorangegangenen Tage, doch die ziehenden Wolken und der Wind deuteten auf einen Wechsel des Wetters.

Tiefe Ruhe umgab den Förster, der Lärm der Welt war hier nicht mehr zu hören, der Schnee dämpfte vollends jedes Geräusch und Friede senkte sich in sein Herz. Und während er stand und den Tag in die Nacht verfließen sah, fingen ringsum in den Dörfern die Glocken an zu läuten. Zaghaft zuerst, doch immer voller tönte der Chor der verschiedenen Glockenstimmen den

Christabend ein. Das einsame Licht des Försters blieb nicht lange allein. Schon bald lösten sich in der Ferne aus dem Schatten der Häuser andere Lichter und tanzten über die Schneefelder dem Waldrand zu. Manche reihten sich hintereinander, andere klumpten zusammen und allmählich erkannte man in den immer näher kommenden Lichterreihen und Häuflein auch ihre Träger: es waren die Kinder aus den Dörfern und sogar aus Klosterreichenbach, sie trugen die Lichter, während die Erwachsenen im Dämmer hinterherstapften.

Dann hatten alle Laternen mit ihren kleinen Trägerinnen und Trägern den Förster erreicht, und als man sich begrüßt hatte und sicher war, daß niemand fehlte, glitten die Lichter in das Dunkel der großen Tannen, geführt von dem kundigen Waldheger. Die

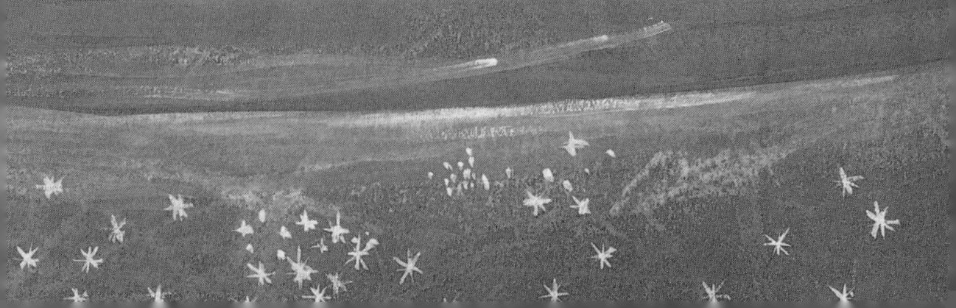

sonst so flinken Zünglein brachten angesichts der ehrfurchtgebietenden Feierlichkeit des stillen Waldes nur vereinzelt ein Flüstern zuwege, sonst hörte man nichts als den Wind in den Zweigen und ab und zu ein Ästeknacken.

Ruhig und stetig glitt die Lichterkette auf dem schmalen Weg dahin, immer weiter und weiter, bis sich schließlich die Bäume etwas weniger dicht zusammendrängten und dann den Blick auf eine fast kreisrunde Lichtung freigaben.

Inmitten dieser Lichtung stand eine einzelne, noch nicht allzu hohe, doch herrlich gewachsene Tanne. Die Kinder und ihre Begleiter fanden sich ohne sonderliche Weisung um diesen Baum zu einem großen Kreis zusammen, der jedoch ständig ein wenig in Bewegung blieb. Der milde Schein

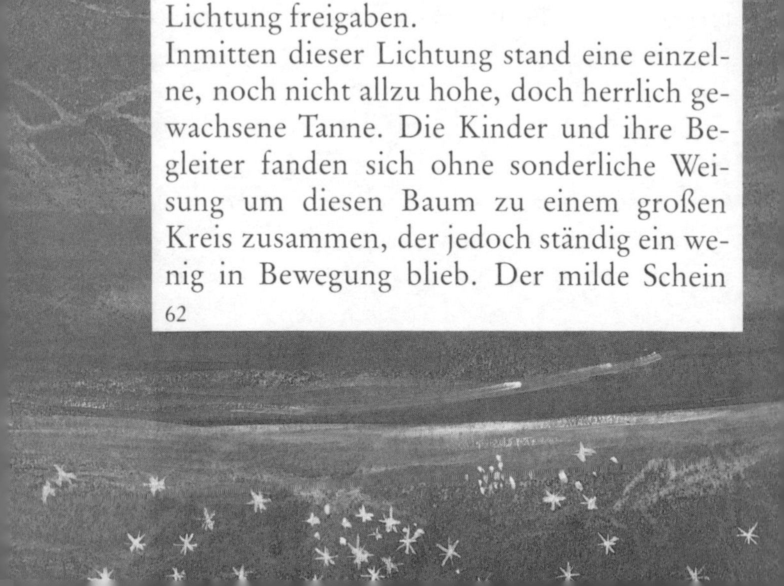

der Laternen ließ den Baum in seiner ganzen Pracht erglänzen und die dick verschneiten Äste glitzerten und funkelten.
Auf ein leises Zeichen des Försters hin übergaben die Kinder den Erwachsenen ihre Laternen und ein jedes holte aus seiner Tasche eine Kerze mit Halter. Vorsichtig wurden nun die Kerzen an den Laternen entzündet, und als alle brannten, bewegten sich die Kinder wie im Reigen, in Form einer großen Spirale dem Tannenbaum in der Mitte zu. Dort angekommen, übernahm der Förster vom ersten Kind die Kerze und brachte sie mit einem langen, gegabelten Ast an den Zweigen des Tannenbaumes an. Ein Licht nach dem anderen wechselte so von Kinderhand zum Tannenzweig, bis der ganze schneebedeckte Baum im Glanze der Kerzen erstrahlte.

Die Kinder waren inzwischen in den Kreis der Laternen zurückgekehrt, einige hatten Flöten aus ihren Taschen geholt und bald erklangen im Chor der jungen und älteren Stimmen, durchzogen von den Tönen der Flöten, die Weihnachtslieder um den strahlenden Lichterbaum. Trotz äußerer Kälte wurden die Herzen warm, der Glanz der Kerzen spiegelte sich in den Augen der Menschen und es war, als würden sie aus dem Innersten heraus leuchten.
Und dann erklang im Reigen der Lieder die alte Weise: ‹O Heiland reiß die Himmel auf . . .›, und gleichsam als Antwort auf diesen feierlichen Ruf zerrten und zupften die Winde in den Höhen den dunklen Wolkenvorhang auseinander, und das Licht des vollen Mondes breitete sich über den schneeglitzernden Tannenbaum und ließ ihn in

überirdischer Schönheit erstrahlen. Die Kerzen glänzten wie Juwelen auf dem Silberkleid der Zweige – es war eine Erscheinung wie aus einem erlebnisstarken Traum.

Keiner vermochte später zu sagen, wie lange das strahlende Bild verweilte, denn ebenso plötzlich wie es erschien, verschwand es auch wieder. Der Menschenkreis aber stand staunend und wie gebannt. So stark war die Wirkung des leuchtenden Baumes, daß die Menschen nicht wahrgenommen hatten, wie am Waldesrand, im Schutze der Bäume, die Tiere des Waldes sich ebenfalls versammelt hatten. Auch sie standen und staunten – ohne Furcht.

Allmählich ging es wie ein Aufatmen durch den Menschenkreis. Leise, ganz zaghaft zuerst, stimmte eine Flöte an: ‹Es ist ein Ros'

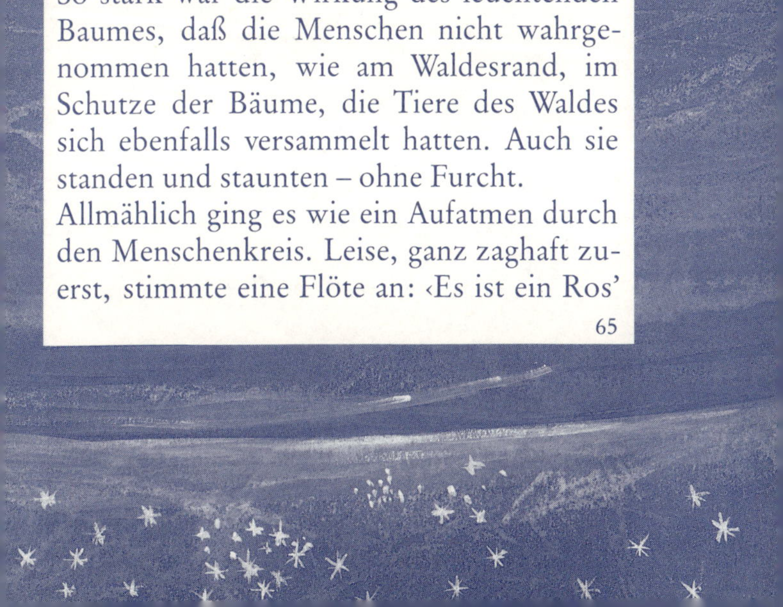

entsprungen.› Die anderen Stimmen fielen ein, die Melodie schwang durch die Winterluft und verklang dann feierlich wie ein Gebet.

Stumm und versunken standen alle, und erst als wieder Bewegung in den Kreis kam, hörte man, wie hie und da ein Ast knackte, Schatten huschten unter den Bäumen davon – die Tiere suchten wieder ihre Schlupfwinkel auf.

Am Tannenbaum war unterdessen Kerze um Kerze heruntergebrannt, und als der letzte Lichtpunkt erlosch, löste sich auch der Kreis der Laternen. Licht um Licht tröpfelte in die Dunkelheit des Waldes, über schmale Pfade, bis die Lichterkette abermals am Waldesrand anlangte. Und als groß und klein unter den Bäumen hervortraten, da sahen sie, daß der Wind hoch

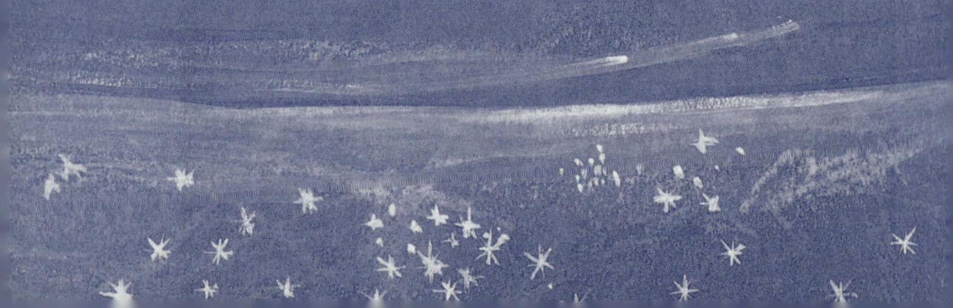

oben die Wolken inzwischen weggeschoben hatte. Mond und Sterne füllten das Firmament mit ihrem milden Glanz.
So nahmen alle voneinander Abschied und strebten friedvoll den weihnachtlichen Stuben zu. Die kleinen Laternen aber, die da an Kinderhand über die Felder tanzten, erschienen wie ein Echo zu den Himmelslichtern dort droben:

Herr Gott ich preise Dich im stillen
um Deiner Werke Pracht,
des Bruder Mondes und der Sterne willen,
die Du gemacht!
Denn sie verklären meiner Nächte Dunkel,
und Frieden trinkt das Herz;
blick ich empor, löst freundlich ihr Gefunkel
mir jeden Schmerz.

Ich schau das Bild der Ewigkeiten,
im Sternenschein,
und nimmer kann im Wandel ich der Zeiten
*ganz ungetröstet sein.**

* *Aus dem ‹Sonnengang des Franz von Assisi› von Franz Brentano/ Max Lehrs. Ogham-Bücherei 5, Stuttgart 1984.*

IM HEILIGEN GARTEN

Im heil'gen Garten steht ein Haus,
Da scheint ein gold'nes Licht heraus.
Das Licht macht eine helle Bahn,
Die Gartentür ist aufgetan.

Im Garten strahlt ein Blütenstern,
Der kündet die Geburt des Herrn.
Wir machen an der Stalltür halt
Und lugen durch den schmalen Spalt.
Da schaun wir Mutter Maria rein
Und aus der Kripp' einen lichten Schein.
Der strahlt vom ewigen Gotteskind,
Des Augen voller Sonne sind.

Der greise Joseph hält die Wacht –
Von Engelsschwingen klingt die Nacht ...
Wir beten still aus Herzensgrund:
O Christus, mach die Welt gesund.

Martin Tittmann

LITERATURHINWEISE

Geschichten von Hirten, Heiligen und Narren. Das große Buch der Legenden aus unserer Zeit. Freiburg 1983.

Heiligen Leben und Leiden. Der. Leipzig 1922.

Jacobus de Voragine: Die Legenda aurea. Heidelberg 1979.

Melchers, E. u. H.: Das große Buch der Heiligen. München 1982.

Rattelmüller, Paul E.: Bairisches Brauchtum im Jahreslauf. München 1985.

Reclams Lexikon der Heiligen und der biblischen Gestalten. Ditzingen 1987.

Schneider, Camille: Der Weihnachtsbaum und seine Heimat das Elsaß. Dornach 1977.

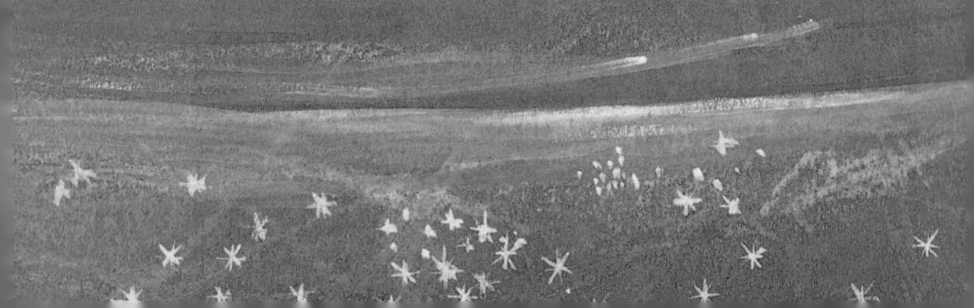

Schönfeldt, Sybil Gräfin: Das große Ravensburger Buch der Feste und Bräuche. Ravensburg 1987.

Schwarzkopf, Margarete von: Das große Buch der schönsten Legenden. Stuttgart 1982.

Seifert, Traudl: Heilige in Kunst und Legende. München 1973.

Steiner, Rudolf: Der Weihnachtsbaum – ein Symbolum. Dornach 1977.

Tittmann, Martin: Der Ritt durch das Jahr. Stuttgart 1987.

Voragine: s. Jacobus de Voragine.